heme reat an

피카소 # 입체파 # 초현실주의 # 아비뇽의 처녀들 # 게르니카

글쓴이 이영규
《아동문학세상》 동화로 등단하여 〈도토리를 돌려줘요〉, 〈엄마는 우리말 달인〉 등의 작품을 발표하였습니다. 아동문화예술상, 아름다운글 문학상을 수상하였으며, 현재 한국아동청소년문학협회 편집위원, 풀꽃아동문학회 부회장으로 활동하고 있습니다.

그린이 이윤하
서울과학기술대학교 시각디자인과를 졸업했습니다. 한국출판미술대전 육영회 특별상을 수상하였으며, 한국일러스트 아트 부문에 입상하였습니다. 작품으로는 〈돼지키오와 괴짜 친구들〉, 〈겁쟁이 아기 공룡 티라노〉, 〈하늘에 생긴 무지개〉 등이 있습니다.

펴낸이 김준석 펴낸곳 교연미디어 편집 책임 이영규 리라이팅 이주혜 디자인 이유나 출판등록 제2022-000080호 발행일 2023년 2월 15일
주소 서울시 관악구 법원단지 16길 18 B동 304호(신림동) 전화 010-2002-1570 팩스 050-4079-1570 이메일 gyoyeonmedia@naver.com

*이 책에 실린 글과 그림의 무단 복제 및 전재를 금합니다.

【예술과 문화를 꽃피운 위인들】

피카소
-천재 화가 이야기-

이영규 글 | 이윤하 그림

스페인

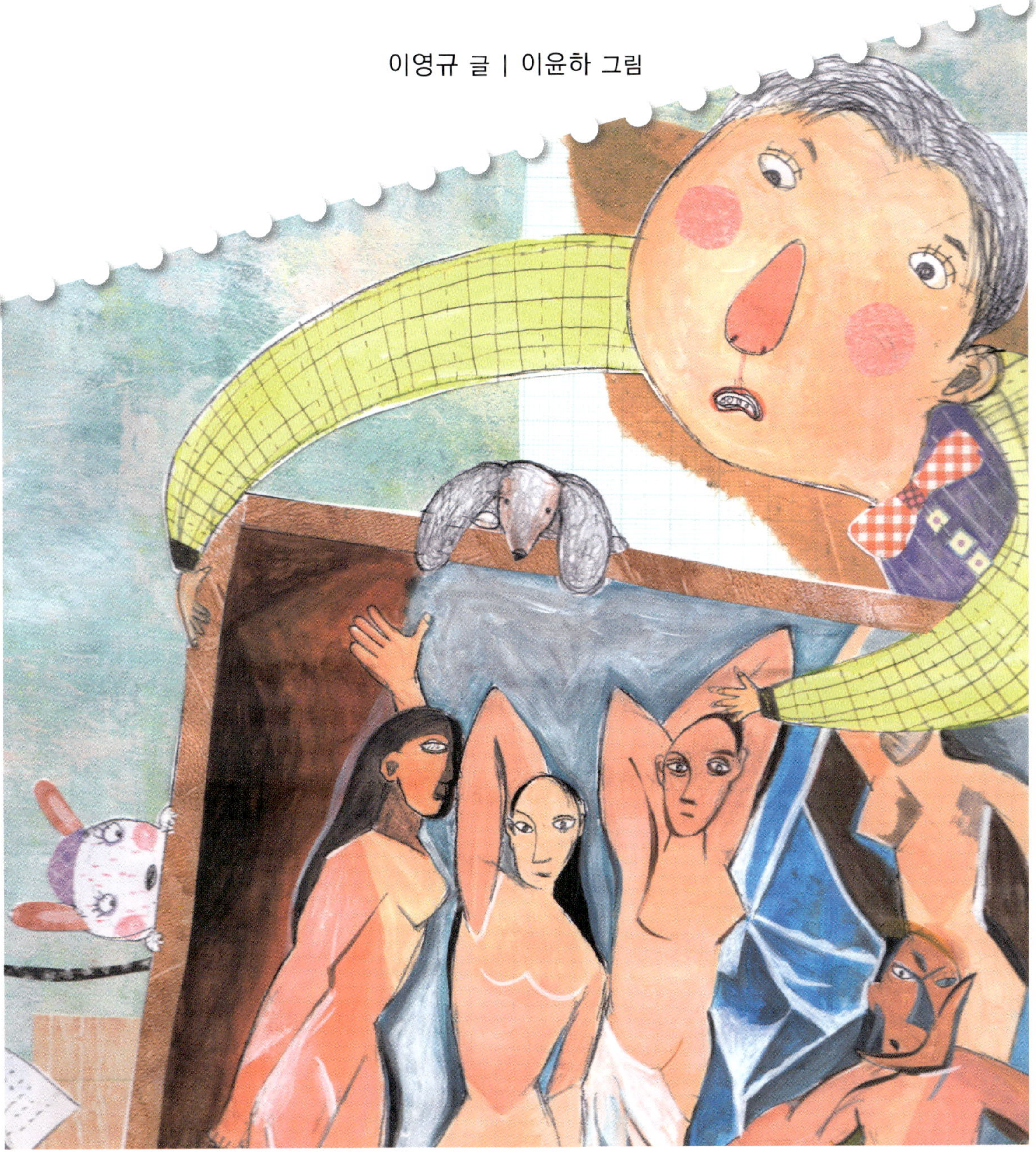

"파블로, 어디 있니?"
어머니는 두리번거리며 피카소를 찾았어요.
"엄마, 저 여기 있어요."
작은방에 있던 피카소가 후다닥 뛰어나왔어요.
그런데 이게 무슨 일이죠?
피카소의 얼굴과 손에 검은 칠이 잔뜩 묻어 있지 뭐예요.
"어머나, 오늘도 그림을 그린 거니?"
"네, 엄마. 전 그림을 그리는 게 너무 좋아요."
피카소가 활짝 웃으며 대답했어요.

피카소의 아버지는 그림을 가르치는 선생님이었어요.
덕분에 피카소는 어릴 때부터 그림과 가까이 지냈답니다.
"정말 잘 그리는구나. 웬만한 어른보다 뛰어난 솜씨야."
피카소의 재능을 알아본 아버지는 전시회를 열어 주는 등
피카소를 적극적으로 *후원해 주었어요.

*후원은 뒤에서 도와주는 거예요.

피카소는 열네 살 때 *바르셀로나로 이사를 갔어요.
아버지는 피카소를 미술학교에 넣어 주었어요.
하지만 자유롭게 그림을 그리던 피카소는
학교의 규칙에 잘 적응하지 못했어요.
결국 피카소는 학교를 그만두었답니다.

스페인의 바르셀로나
바르셀로나는 스페인 카탈루냐 지방의 중심 도시로, 파블로 피카소, 안토니오 가우디 등 많은 예술가들이 활동하였어요.

열다섯 살 무렵, 피카소는 산페르난도 왕립 미술학교에 입학했어요.
하지만 이곳도 피카소와는 잘 맞지 않았어요.
"나에게 가르침을 주는 건 따로 있어."
피카소는 프라도 미술관을 드나들며 화가들의 작품을 감상했어요.
거리의 *개성 넘치는 사람들도 피카소의 흥미를 끌었지요.

피카소는 이와 같은 것에서 영감을 얻으며 자유롭게 그림을 그렸답니다.

*개성은 한 개인이 가지는 고유한 취향이나 특성이에요.

청년이 된 피카소는 프랑스 *파리로 갔어요.
"이곳이 바로 예술의 도시, 파리로구나."
피카소는 마음이 들떠 두근거렸어요.
하지만 낯선 곳에서의 생활은 생각보다 쉽지 않았어요.
피카소는 당시 느꼈던 외로움과 배고픔 등을
검푸른색이나 짙은 청록색으로 표현했어요.
그림의 *소재도 거지나 병자 등 우울한 것이 많았지요.
이 시기를 피카소의 '청색 시대'라고 부른답니다.

*소재는 예술 작품을 만드는 데 바탕이 되는 재료예요.

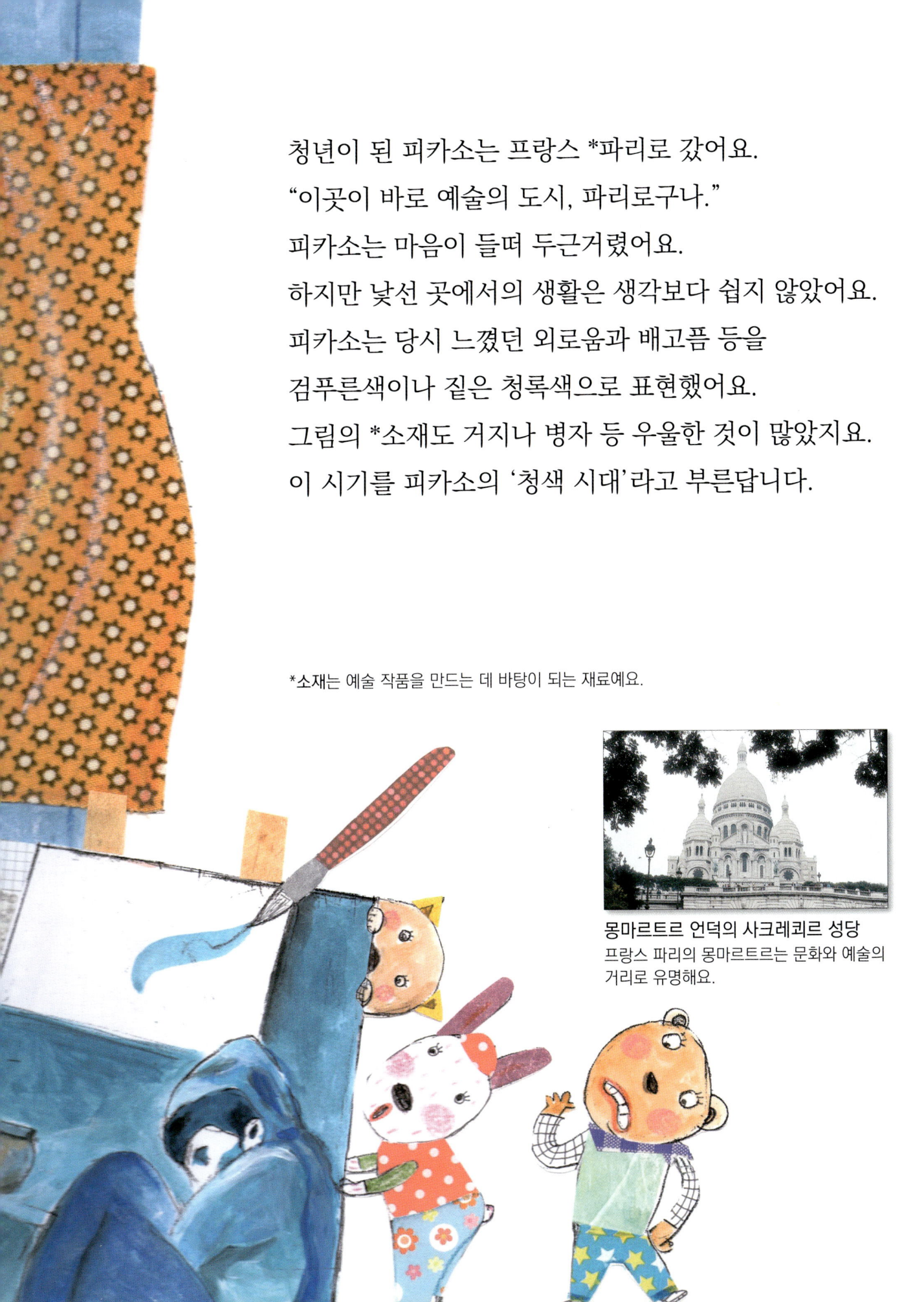

몽마르트르 언덕의 사크레쾨르 성당
프랑스 파리의 몽마르트르는 문화와 예술의 거리로 유명해요.

시간이 흐르면서 피카소는
파리 생활에 익숙해져 갔어요.
*'세탁선'이라 불리는
몽마르트르의 아파트에 작업실도
차렸고, 친구도 사귀었어요.

게다가 올리비에라는 어여쁜 여인과 사랑에 빠졌답니다.
덕분에 피카소의 작품도 어두운 청색에서 벗어나
밝은 분홍색으로 바뀌었어요.
이 시기를 피카소의 '분홍색 시대'라고 부른답니다.

파리의 센강
피카소를 비롯한 예술가들이 모여 살던 건물의 모양이 센강에 떠 있는 세탁선을 닮았다고 하여 '세탁선'이라는 이름이 붙여졌대요.

어느 날, 피카소는 사람들을 한자리에 불러 모았어요.
"이번에는 어떤 작품이 나올까?"
사람들은 기대감으로 눈을 반짝였어요. 하지만 〈아비뇽의 처녀들〉이 공개되자 실망한 표정을 지었어요.
"단순하게 그려진 몸에 코는 삐뚤어졌잖아."
"얼굴은 마치 가면을 쓴 것 같고 말이야."
〈아비뇽의 처녀들〉은 대상을 다양한 *시점에서 바라본 모습을 표현한 작품이었어요.
이것이 바로 *입체파 미술, 큐비즘의 시작이었답니다.

***입체파 미술**은 대상을 여러 방향에서 본 뒤 부분적인 모양을 기하학적 형상으로 다시 구성하는 방법을 사용했어요. 대표적인 작가로 피카소, 브라크 등이 있답니다.
***시점**은 사물을 바라보는 방향이나 생각하는 입장을 뜻해요.

이후 피카소는 이탈리아로 여행을 떠났어요.
*르네상스 시대의 그림과 조각들은
피카소에게 새로운 *자극이 되었지요.
피카소는 *화상 앙부루아즈의 얼굴을
세모, 네모 등의 도형으로 표현하여
뒤죽박죽으로 섞어 그렸어요.
"이게 내 얼굴이라고요?"
"네, 얼굴의 모든 면을 그리기 위해
세모, 네모 등으로 단순화하여 재구성했어요."
피카소가 앙부루아즈에게 설명해 주었어요.
이것을 '분석적 입체주의'라고 해요.

*자극은 외부로부터 작용을 주어 반응이 일어나게 하는 거예요.
*화상은 그림을 팔고 사는 사람이에요.

르네상스의 중심 도시, 피렌체
르네상스는 14~16세기, 이탈리아에서 시작된 문예 부흥 운동이에요.

"사물을 단순화하면서도
좀 더 입체적으로 보이게 할 수는 없을까?"
고민하던 피카소는 종이에 다른 재료들을 붙이는 방법으로,
입체주의를 한 걸음 더 발전시켜
'종합적 입체주의'를 완성하였어요.
이러한 방법을 '콜라주'라고 한답니다.

1936년, 피카소는 프라도 미술관의 *명예 관장이 되었어요.
프라도 미술관을 드나들며 화가의 꿈을 키웠던 소년이
스페인을 대표하는 화가가 되어
국립 미술관 관장의 자리에 앉은 것이에요.
"아, 그림을 보기 위해 프라도 미술관을
드나들던 때가 바로 어제 같은데……."
피카소는 감격의 눈물을 흘렸답니다.

*명예는 존경의 뜻을 나타내기 위해 붙이는 칭호예요.

스페인 내란을 배경으로 그려진 〈게르니카〉

스페인의 작은 도시 게르니카는 스페인 내란으로 고통받았어요. 당시의 참혹함이 피카소의 〈게르니카〉에 고스란히 담겨 있답니다.

1937년, 스페인 바스크 지방의 작은 도시 게르니카에
독일 전투기가 나타나 폭탄을 쏟아 부었어요.
"콰쾅! 쾅쾅!"
이로 인해 수많은 사람들이 목숨을 잃었지요.
"피카소, 전쟁의 *참상을 전 세계에 알릴 수 있는 작품을 만들어 주시오."
이렇게 해서 피카소의 명작 〈게르니카〉가 탄생하였답니다.

*참상은 비참하고 끔찍한 상태를 뜻해요.

전쟁이 끝난 후, 피카소의 *명성은 점차 높아졌어요.
하지만 독특한 작품으로 인해 때로는 이해를 받지 못하고,
때로는 무시를 당하기도 했어요.
"대체 무슨 그림을 그렸는지 도통 알아볼 수가 없네."
"이게 정말 명작이 맞는 거야?"
하지만 피카소는 이러한 말에 흔들리지 않고
자신만의 작품을 계속해서 만들어 나갔어요.
다양한 방법을 시도하며 개성있는 작품들을 만들어낸 피카소.
그는 현대 미술사에서 빼놓을 수 없는 *거장임에 틀림없답니다.

*명성은 세상에 널리 알려진 이름이에요.
*거장은 어떤 분야에서 그 기능이나 능력이 남달리 뛰어난 사람이에요.

피카소 따라잡기

1881년	스페인(에스파냐)의 항구 도시 말라가에서 태어났어요.
1895년	바르셀로나로 이사하여 바르셀로나 미술학교에 들어갔어요.
1896년	산페르난도 왕립 미술학교에 입학하였어요. 프라도 미술관을 다니며 자신만의 미술 세계를 만들어 나갔어요.
1901년	예술의 도시 파리에서 파란색을 활용한, 어둡고 섬세한 그림을 그렸어요. 이를 '청색 시대'라고 불러요.
1904년	몽마르트르의 아파트 바토 라보아르에 거처를 정하고, 사랑하는 사람도 만나면서 분홍색을 활용한 '분홍색 시대'가 시작되었어요.
1907년	초현실주의의 영향을 받은 〈아비뇽의 처녀들〉을 발표하였어요.
1909년	브라크와 작업하며 '분석적 입체파'라는 미술 양식을 발전시켰어요.
1912년	종이나 나무 등을 유화 위에 덧붙여 추상·반추상적 구도(콜라주)를 만들며 '종합적 입체주의'를 내세웠어요.
1925년	환상적이며 기괴한 표현이 특징인 쉬르레알리즘 운동에 참여했어요.
1928년	철과 금속판으로 조각 작품을 만들기 시작했어요.
1937년	〈게르니카〉를 그려 평화를 위협하는 침략자의 모습을 알렸어요.
1944년	'해방전'이라고도 하는 살롱전에서 공산당에 가담한 사실을 밝혔어요.
1950년	들라크루아, 마네 등의 명작을 자기만의 개성으로 표현해 냈어요.
1951년	6·25전쟁의 비극을 담은 〈한국에서의 학살〉을 발표했어요.
1973년	세상을 떠났어요.

피카소
#연관검색

⟨게르니카⟩의 배경이 된 스페인 내란

스페인의 마요르 광장

스페인 내란은 1936년, 마누엘 아사냐의 제2공화국 인민 전선 정부에 반대하여 독일·이탈리아의 지지를 받은 프랑코 장군이 일으킨 반란으로 시작되었어요. 1939년 4월, 공화국 정부가 항복하면서 프랑코 장군의 승리로 끝이 났지요. 누군가는 전쟁에서 승리하여 기쁨을 누렸지만, 모두가 느끼는 전쟁의 결과는 참혹했어요. 땅은 황폐화되었고, 건물과 시설은 파괴되었으며, 죽거나 다친 사람은 수십만 명이 넘었지요. 당시 스페인의 도시 게르니카가 독일 전투기에 의해 폭격당하자 피카소는 전쟁의 참상을 전 세계에 알리기 위해 ⟨게르니카⟩라는 명작을 남겼답니다.

벽화로 표현된 피카소의 ⟨게르니카⟩

스페인의 또 다른 예술가, ⟨돈키호테⟩를 쓴 세르반테스

스페인 광장에 있는 돈키호테의 동상

미겔 데 세르반테스는 스페인을 대표하는 소설가예요. 집안이 가난하여 정식으로 교육을 받지 못했던 세르반테스는 풍부한 상상력으로 자신만의 이야기를 만들어 나갔어요. 세르반테스의 소설은 재미있고 자유로운 이야기 속에 사회에 대한 날카로운 비판이 숨어 있다는 특징이 있어요. 특히 엉뚱한 기사 돈키호테의 모험담을 그린 풍자 소설 ⟨돈키호테⟩는 지금까지도 세계적인 명작으로 평가받고 있답니다.

돈키호테 기념 마을

PHOTO ALBUM

파블로 피카소

피카소가 태어난 스페인의 말라가

피카소가 머물렀던 바르셀로나

피카소가 꿈을 키웠던 마드리드의 프라도 미술관

피카소가 태어난 곳에 세워진 피카소 재단 및 박물관

피카소 사진첩

피카소의 모습을 한 인형

스페인 내전으로 피해를 입었던 도시, 게르니카

피카소 조각품

피카소의 얼굴과 작품을 새긴 컵

벽면에 표현된 피카소의 〈게르니카〉